### 글쓴이 **안도 다다오**

1941년 오사카에서 태어났다. 권투 선수로 활약하다 건축가가 되기로 결심했다. 세계를 여행하며 수많은 건축물을 눈에 담았고 독학으로 건축을 공부했다. 28세에 안도 다다오 건축 연구소를 설립했다. 대표작으로 '빛의 교회', '퓰리처 미술관', '지추 미술관' 등이 있다. '스미요시 연립주택'으로 일본건축학회상, 건축계의 노벨상이라 불리는 프리츠커상을 받았다. 단순하고 아름다운 콘크리트의 선, 빛과 그늘이 자아내는 풍부한 표정이 특징이다. 최근에는 자연과 공생하는 건축을 다수 설계하며 세계적으로 높은 평가를 받았다. 쓰레기 매립지를 숲으로 만드는 '바다의 숲 프로젝트'나 오사카 나무 심기 '벚꽃길' 프로젝트에도 적극 참여했다. 2020년 3월 오사카에 건물을 기증해, 이 책의 무대가 된 '어린이 책의 숲 나카노시마'가 문을 열었다.

### 그린이 **하타 고시로**

그림책 작가이자 일러스트레이터이다. 1963년 효고 현에서 태어났다. 그림책 외에 삽화, 일러스트레이션, 북디자인 등 폭넓게 활동했으며 해외에서도 작업 의뢰를 많이 받았다. 저서로 《나의 첫 오케스트라》 《여름 하루》 《나랑 알고 지내는 내가 좋아하는 임금님》 《곤충 잡으러 가자》 《마법의 여름》 《흔들흔들 다리에서》 《쇼콜라짱》 시리즈, 아내 오나리 유코와 함께 쓴 《비 오니까 참 좋다》 《아기 놀이책》 시리즈 등이 있다.

### 옮긴이 **이규원**

한국외국어대학교에서 일본어를 공부했다. 문학, 인문, 역사 등 여러 분야의 책을 기획하고 번역했으며 현재 전문 번역가로 활동 중이다. 옮긴 책으로 《나, 건축가 안도 다다오》 《건축을 꿈꾸다》 《내일의 디자인》 《공생의 디자인》 《예술가로 산다는 것》 《포스터를 훔쳐라》 《의성어 의태어 건축》 《알래스카 바람 같은 이야기》 등이 있다.

### 장난꾸러기 건축가 안도 다다오

1판 1쇄 인쇄 | 2021. 10. 26.
1판 1쇄 발행 | 2021. 11. 3.

안도 다다오 글 | 하타 고시로 그림 | 이규원 옮김

**발행처** 김영사 | **발행인** 고세규
**편집** 김유영 | **디자인** 고윤이 | **마케팅** 서영호 | **홍보** 박은경 조은우
**등록번호** 제 406-2003-036호 | **등록일자** 1979. 5. 17.
**주소** 경기도 파주시 문발로 197(우10881)
**전화** 마케팅부 031-955-3100 | 편집부 031-955-3113-20 | 팩스 031-955-3111

값은 표지에 있습니다.
ISBN 978-89-349-0551-6 77540

ITAZURA NO SUKI NA KENCHIKUKA
Original text by Tadao ANDO
Illustrations by Koshiro HATA
© 2020 Tadao ANDO, Koshiro HATA
All rights reserved.

Original Japanese edition published by SHOGAKUKAN.
Korean translation rights in Korea arranged with SHOGAKUKAN
through THE SAKAI AGENCY and BC AGENCY.

이 책의 한국어판 저작권은 BC 에이전시를 통한 저작권사와의 독점 계약으로 ㈜김영사에 있습니다.
저작권법에 의해 한국 내에서 보호를 받는 저작물이므로 무단전재와 복제를 금합니다.

좋은 독자가 좋은 책을 만듭니다. 김영사는 독자 여러분의 의견에 항상 귀 기울이고 있습니다.
전자우편 book@gimmyoung.com | 홈페이지 www.gimmyoungjr.com

---

**어린이제품 안전특별법에 의한 표시사항**

**제품명** 도서 **제조년월일** 2021년 11월 3일 **제조사명** 김영사 **주소** 10881 경기도 파주시 문발로 197
**전화번호** 031-955-3100 **제조국명** 대한민국 ⚠**주의** 책 모서리에 찍히거나 책장에 베이지 않게 조심하세요.

# "장난 꾸러기 건축가" 안도 다다오

안도 다다오 글 | 하타 고시로 그림 | 이규원 옮김

"우-아! 큼지막한 사과다."

어린이 책이 잔뜩 있는 신기한 건물 '책의 숲'.
료타와 리사는 오늘 아빠를 따라 난생처음 그곳에 놀러 갔어요.

"세 시에 출입구에서 만나자."
그렇게 약속하며 아빠에게 손을 흔든 뒤,
두 사람은 얼른 탐험하러 나섰어요.

높다란 창유리 너머로 다양한 책장이 죽 이어져 있었어요.
"탐험해 볼 만하겠는걸."
료타가 혼자 중얼거렸어요.
"오빠, 빨리 와!"
리사가 큰소리로 외쳤어요.

두 사람은 안쪽에 있는 좁은 복도로 걸어 들어갔어요.
"저 앞에는 뭐가 있을까?"
료타가 말했어요.

"우아, 굉장해."
"책이 엄청 많아!"
복도 끝에 다다르자 두 사람이 동시에 외쳤어요.
드높은 벽은 온통 어린이 책으로 가득했어요.
넓은 계단과 좁은 통로 곳곳에서 수많은 어린이가
즐겁게 책을 고르며 돌아다니고 있었지요.

"우아, 높다! 이렇게 큰 책장은 처음 봐."

"오빠, 여기 수상한 길을 발견했어!"
책장 옆에 있는 좁은 복도를 가리키며 리사가 말했어요.

"뭔가 의심쩍은 길인걸? 리사, 가자!"
료타와 리사가 뛰기 시작했어요.

그러자 눈앞에 정말 신기한 공간이 나타났어요.
어두컴컴한 탑 속에 있는 듯한 방이었어요.
천장에 있는 동그란 창에서 빛이 스며들어 와
주위를 희미하게 비추었어요.

"어―이, 어―이!"
료타의 목소리가 텅 빈 방 안에 울려 퍼졌어요.
"아, 아, 아! 와, 와, 와!"
소리가 메아리치며 천장 속으로 빨려드는 것이 신기했어요.
둘은 이상한 소리를 마구 질러 보고
손뼉을 치면서 놀았어요.

"있잖아 오빠, 어쩌면 여기서 마녀들이
모임을 열고 있을지도 몰라."
리사가 말했어요.
"아니면 누군가 비밀 훈련을 받고 있을 수도 있지."
료타가 말했어요.

아무튼 정말 신기한 방이었어요.
높디높은 천장을 올려다보는데
료타는 희한하게 기분이 좋아졌어요.

"왠지 모르게 재밌는걸……."
료타가 중얼거렸어요.
"재미있니?"
누군가 묻는 소리가 들렸어요.
뒤돌아보니 웬 까만 옷을 입은 아저씨가 서 있었어요.
"아저씨는 누구세요?"
"나? 나는 건축가야."
"건축가라면 이 건물을 지은 사람인가요?"
"건물을 짓는 건 시공 회사 사람들이 하는 거고,
나는 어떻게 지을지 이렇게 저렇게 아이디어를
궁리하고 디자인하는 사람이지."
아저씨가 말했어요.

"이 방은 뭐 하는 곳이에요?"
"여기는 아무것도 아닌 곳이야. 무엇을 해도 괜찮은 방이지.
뭐 하는 데인지 모르겠는 이상한 장소에 오면,
뭔가 새롭고 재미난 생각이 떠오르거든."
아저씨는 료타의 눈을 지그시 쳐다보며 말했어요.
료타는 조금 긴장되었어요.
"하지만…… 아무것도 아닌 곳이라니,
조금 아깝지 않나요?"

료타의 질문에 아저씨는 눈을 더욱 말똥거렸어요.
"건물이란 본래 비나 바람으로부터 인간을 보호하기 위해 생겨났어.
하지만 건물이 그런 역할만 한다면 어떻게 되겠니?"

"오로지 직선과 사각형으로 이루어진
비슷한 건물들만 거리에 빼곡히 들어서겠지.
편리하긴 해도 그런 건물만 있다면 재미없잖아."
아저씨는 씽긋 웃으며 말했어요.

"그래서 나는 건물에 재밌는 장난을 치지."
"아무것도 아닌 이 탑 같은 방에도
아저씨가 장난을 친 거예요?"
료타가 물었어요.
"뭐, 그런 셈이지."
아저씨가 답했어요.

아저씨가 책 한 권을 펼쳤어요.
"봐, 이 책에서 내가 지은 건물을 소개하고 있어."
료타는 아저씨 뒤에서 슬쩍 책을 들여다보았어요.

"재미난 구멍이네요!
땅콩 껍데기 같이 생겼어요."

"이건 오페라 하우스란다. 해가 질 때면
이 땅콩이 희미하게 빛나며 깜깜한 어둠 속에서 떠올라.
한낮이랑은 또 다른 모습일 테니 무척 설레겠지?"

"이 건물은 미술관이야.
기둥이 수면에 비쳐서 아른아른 흔들거리는데,
계속 보고 있어도 싫증이 나질 않아."

"예술품을 전시하는 미술관에 가면
시간이 흐르는 모습도 평소와 다르게 보이지.
거기서 생각지도 못한 아이디어가 떠오르기도 한단다."

"여긴 섬에 있는 호텔이야.
누구든 여기에 오면
어린이가 된 것처럼 마음껏
뛰어다닐 수 있게 장소를 설계했단다."

"여기서 술래잡기하면 재밌겠다!"

"여긴 교회야. 벽면에 뚫려 있는 십자가 사이로
햇빛이 쏟아져 들어오도록 설계했지."
"십자가 창문이네요. 멋지다."
"아침, 점심, 저녁.
시간대에 따라 들어오는 햇빛의 빛깔도 달라져.
빛은 희망을 표현한 거란다."

"비 오는 날이면 이 방 저 방 이동할 때 우산을 들고 다녀야 하는
집도 설계했어. 봄바람. 여름의 소나기. 가을의 황혼. 한겨울의 밤하늘……
계절의 풍경을 온몸으로 느낄 수 있도록 말이지.
그런 집이 한 채쯤은 있어도 괜찮지 않을까 했단다."
"우산을 들고 다녀야 하는 집이라고요? 저도 한번 살아 보고 싶어요!"

"아저씨가 장난친 건물, 꽤 괜찮은걸요?"
료타가 말하자 아저씨가 대답했어요.
"아까 본 높은 탑처럼 생긴 방,
막다른 곳으로 향하는 계단,
어린이가 아니면 들어가기 힘든 비좁은 공간 등,
내가 장난을 쳐 둔 장소를 어떻게 활용할지는
너희 마음이야."

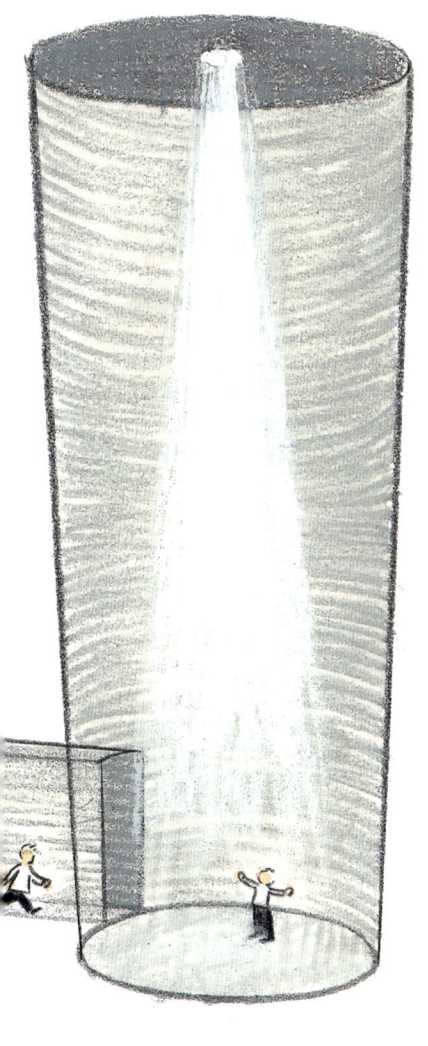

"편리하지 않은 것. 얼핏 낭비처럼 보이는 것.
금방 답을 찾을 수 없는 것.
그런 게 사실은 제일 재미있는 법이지.
그런 장소에 들어서면 사람들은 그곳을 어떻게 써먹을지
스스로 고민하기 시작한단다."

"자신이 어떻게 발상하느냐에 따라 그 장소는
어떤 식으로든 활용할 수 있어.
'너는 뭘 하고 싶니?'
이렇게 묻는 건물이 난 재미있는 건물이라고 생각한단다."
"정해진 답이 없는 수수께끼 같네요!"
료타가 말했어요.
"그렇지! 그래서 더 재미있는 거지."
아저씨가 웃으며 답했어요.

"나는 건물로 사람들을 깜짝 놀래는 일을 해.
다음에는 어떤 건물에 무슨 장난을 칠지
매일 궁리하고 있지."

"반짝 좋은 생각이 스치면 그걸 먼저 그림으로 그려. 빠르게 척척 그려 내면 성공이지."

"척척 그리지 못 하면요?"

"그럼 처음부터 다시 시작하는 거야."

머리에 반짝 떠오른 장난을 눈에 보이는 형태로
만드는 일은 무척 즐겁지만 매우 힘들기도 해.

하다가 막힐 때도 많고
실패도 잦단다.

또 건물이 완공되기까지
수많은 사람의 손을 거쳐야 하지.

서로 의견이 달라
다투기도 하고
새로운 난제에 부딪히기도 해.

조사하고, 시험하고, 다시 시도해 보고,
결국 서로 힘을 합쳐서 해결해 나가곤 하지.

그렇게
힘을 모아서
완성한 이 매력적인
건물에는…….

신기하게도 여기저기서 이런저런 사람들이 많이 찾아온단다. 모르는 사람들이 서로 알아 가고, 이야기를 나누고, 같이 놀고, 혼자 생각에 잠기기도 하지.

그 과정에서 건물에는
어느새 생명이 깃들어.
거기서 새로운 이야기가
시작되는 거야.

"우리가 오늘 여기서 만난 것도 그 이야기 중
하나일지도 모르지."
아저씨가 말하자 료타가 말했어요.
"아저씨. 건축가라는 직업, 왠지 재밌어 보여요."

아저씨는 빙긋이 웃으며 말했어요.
"그래. 나도 '건축가란 참 재미있는 직업이구나.'
하고 늘 생각한단다."

# 장난꾸러기 건축가가 여러분께 드리는 말

저는 1941년 오사카에서 태어나 번화가에 있는 연립 주택에서 자랐어요. 뼛속까지 오사카 사람이라 할 수 있죠. 중학교 2학년 때 저희 가족은 집을 1층에서 2층으로 개조한 적이 있어요. 그때 묵묵히 일하는 목수의 모습이 너무 멋졌던 기억이 납니다. 눈에 익던 우리 집이 쑥쑥 변해 가는 게 재미있어서 공사하는 내내 곁에서 구경했어요. 지붕을 벗겨 내 뻥 뚫린 천장 사이로 하늘이 보이자 "우아!" 하고 흥분했었죠. 지금 생각해 보면 그때 처음으로 건축에 흥미를 느낀 것 같아요.

열여덟 살 고등학교를 졸업할 때쯤 저는 건축가가 되고 싶었어요. 그러려면 대학에 가야 했는데, 저는 성적도 좋지 않았고 돈도 없었어요. '그렇다면 혼자 공부하는 수밖에!' 하고 저는 혼자서 공부하기 시작했지요.

당시에는 저를 지도해 줄 선생님도 없었고, 무엇부터 시작해야 할지도 몰랐어요. 혼자 공부하느라 힘들긴 했지만, 덕분에 좋았던 점도 있었어요. 무엇을 어떻게 공부할지 스스로 생각하고 결정해서 실천하는 훈련을 할 수 있었거든요. 마침내 직접 건축물을 만들게 되었을 때, 그 훈련은 제게 큰 도움이 되었어요. 건축물을 만들 때 '이건 안 돼, 저건 괜찮아.' 하면서 규칙을 익히는 것보다 '무엇을 만들까?' 하고 자유롭게 궁리하고, '이런 걸 짓고 싶다!'라는 강렬한 욕구를 느끼는 것이 더 중요하거든요.

'어떤 건축이 좋은 건축이다.'라고 할 수 있는 정답은 없습니다. 가령 일 년 내내 날씨가 좋은 고장이라면 바람이 술술 불게 안팎이 두루 통하는 주택을 짓는 것이 좋겠지요. 일 년 내내 추운 고장이라면 두툼한 벽을 단단히 두른 주택이 좋을 테고요. 어떤 건물을 지을지는 건물을 짓는 장소, 목적, 건물을 이용할 사람 등에 따라 달라지는 것이 당연합니다. 그래서 나는 그 '다른 점'을 눈여겨보고 있어요. '다름'을 '개성'으로 살려서 세상에 하나밖에 없는 건축물을 만들려고 애쓰고 있지요.

하나가 완공되면 다음번에는 '더 놀라운 건축을 지을 순 없을까?' 하며 머리를 바쁘게 굴린답니다. 사람마다 지닌 개성이 다르므로 나의 작업에도 한계는 없어요. 그것이 바로 건축의 재미이지요.

　아이디어의 실마리는 의외로 일상에서 살짝 벗어났을 때, 그 틈새 같은 시간 속에서 발견하곤 해요. 그래서 나는 건축 공부를 시작한 뒤부터 건축가가 된 지금까지 늘 여행을 다녀요. 여행에는 두 가지 종류가 있어요. 하나는 먼 곳으로 가서 색다른 장소의 공기를 마시는 보통의 여행. 또 하나는 책을 읽으며 상상의 세계를 떠도는 마음의 여행이지요. 첫 번째 여행은 쉽사리 가기 어렵지만 마음의 여행은 언제든 떠날 수 있어서 좋답니다. 설레는 기분으로 책을 넘기다 보면 전에는 알지 못했던 곳으로 나의 세계가 확장되곤 해요. 나는 '이 책을 읽는 여행' 역시 여러분이 자기답게 살아가는 데 든든한 버팀목이 되어 줄 거라 생각해요.

　내가 설계한 '어린이 책의 숲'에서도 그런 마음의 여행을 떠나게 해 줄 자기만의 책 한 권을 찾을 수 있을 거예요. 금방 여러 권의 책으로 여행을 떠나는 사람도 있을 테고, '이거다!' 싶은 책을 좀처럼 만나지 못하는 사람도 있겠지요. 하지만 초조해할 필요는 없습니다. 포기하지 않고 반짝거리는 눈으로 계속 찾는다면, 숲 어딘가에 숨어 있는 그 책 한 권을 발견할 수 있을 테니까요.

**안도 다다오**

## 이 책에 나오는 건축물

**나카노시마 '어린이 책의 숲'(도서관)**
위치: 오사카 시 기타 구 나카노시마 1초메 1-28
개관시간: 오전 9시 30분~ 오후 5시
휴관일: 월요일, 연말연시, 장서 정리 기간 등
입장료: 무료
웹사이트: https://kodomohonnomori.osaka

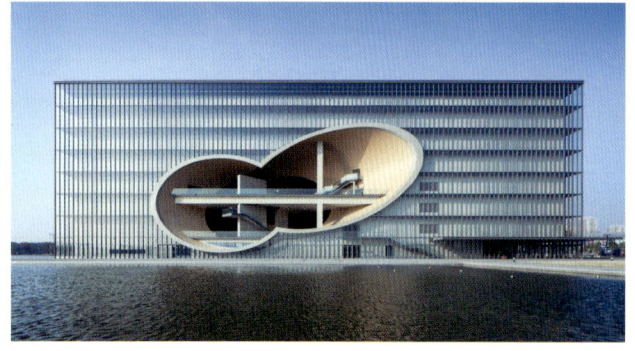
상하이 폴리 대극장(오페라 홀) –중국 상하이

베네세 하우스(호텔·미술관) –가가와 현 나오시마

포트워스 근대 미술관(미술관·극장) –미국 텍사스주

베네세 하우스(호텔·미술관) –가가와 현 나오시마

스미요시 연립 주택(개인 주택) –오사카

빛의 교회 –오사카

## 안도 다다오가 만든 우리나라 건축물

원주 뮤지엄 산(미술관)

원주 뮤지엄 산(미술관)

제주 본태 박물관(박물관)

제주 휘닉스 아일랜드(유민 미술관·글라스 하우스)

※ 이 책 면지에 있는 건물 스케치는
안도 다다오가 직접 그렸어요.